迅速开启右脑

田祥增　著

科学普及出版社
·北　京·

图书在版编目（CIP）数据

迅速开启右脑 / 田祥增著 . — 北京 : 科学普及出版社 , 2019.6

ISBN 978-7-110-09967-4

Ⅰ. ①迅…　Ⅱ. ①田…　Ⅲ. ①智力开发－儿童读物　Ⅳ. ① G421-49

中国版本图书馆 CIP 数据核字（2019）第 095179 号

策划编辑　王晓义
责任编辑　王晓义　周　玉
封面设计　中文天地
正文设计　中文天地
责任校对　邓雪梅
责任印制　徐　飞

出　　版　科学普及出版社
发　　行　中国科学技术出版社有限公司发行部
地　　址　北京市海淀区中关村南大街 16 号
邮　　编　100081
发行电话　010-62173865
传　　真　010-62173081
网　　址　http://www.cspbooks.com.cn

开　　本　720mm × 1000mm　1/16
字　　数　75 千字
印　　张　10
版　　次　2019 年 6 月第 1 版
印　　次　2019 年 6 月第 1 次印刷
印　　刷　北京盛通印刷股份有限公司
书　　号　ISBN 978-7-110-09967-4 / G · 4182
定　　价　39.00 元

前　言

20 世纪后半期，美国的科学家罗杰·斯佩里教授在分割大脑的实验中发现，人的左脑和右脑有明显的分工，并且右脑的记忆功能和记忆容量比左脑强大很多倍。但是，人的成长规律是，大概在孩子六岁以后，其右脑就逐渐地关闭。为此，世界各国就有很多科学家开始了开发右脑功能的研究。因为大家都是从零开始，所以方法和道路各不相同。

至今，经过了几十年的理论研究和教学实践，虽然取得了很多成果，但也还都处于探索阶段。本书作者，学习各家之长，扬长避短，潜心研究，总结自己的实践经验，写成此书。本书旨在将罗杰·斯佩里的科学发现，更好地转化为社会实用，将几十年来许多研究探索者的成果更好地、更广泛地推向大众，为更多的人服务，为教育服务，为社会服务。由于开发右脑功能的研究和实践，还处于探索阶段，所以本书所述的理论和方法，还有待提高。

开启了右脑的儿童，可以成像记忆，并且记忆速度很快。这看起来很神奇，但这是科学。如果用当前的理论来看待，好像觉得不可理解，甚至是不可能的。实际上，任何的科学，在其发现之初，是很多人不知道的；有不少科学发现，最初只被个别人接受，绝大多数人是不理解、怀疑，甚至否定的，例如爱因斯坦的相对论就是如此。但是，随着时间的推移，随着科学的普及，只要它是科学的，是可重复的，可验证的，只有少数人知道的事情，终究会让多数人知道；起初不被理解的事情，终究会变成大家理解的。

“开启右脑”，对于儿童来说，是开发智力、提高学习能力的好方法、好途径，可以让儿童得益终生。但是，儿童的个体是有差异的，每个儿童在开启右脑训练中得到的效果会不同。

“开启右脑”速度是“迅速”的，但是儿童右脑学习能力的提高，是需要长时间训练的。

本书所述的理论，源于诺贝尔奖得主罗杰·斯佩里。本书所讲的训练方法，作者已经在几个学生身上进行了教学实践的检验，培养出了典型案例。实践证明，其方法是可行的、有效的。

由于本书作者的水平所限，不足之处，敬请谅解和指正。

田祥增

田祥增，男，1943 年生。退休干部，中央国家机关书法家协会理事。由其书写的小学三、四、五、六年级语文课文生字楷书演习字帖已经出版发行，曾经到多所小学为小学生讲授书法课。一直致力于学习、研究日本七田真、英国东尼·博赞、美国罗杰·斯佩里等专家的右脑开发论述、论著，并积极探索实践，已经成功为多名小学生开启右脑训练，并进行了巩固与提高训练。

少年强则
中国强

田祥增书

田祥增

目 录

第 3 章 训练提高记忆能力和记忆速度 …… 101

第1章

人的左脑和右脑

中国结

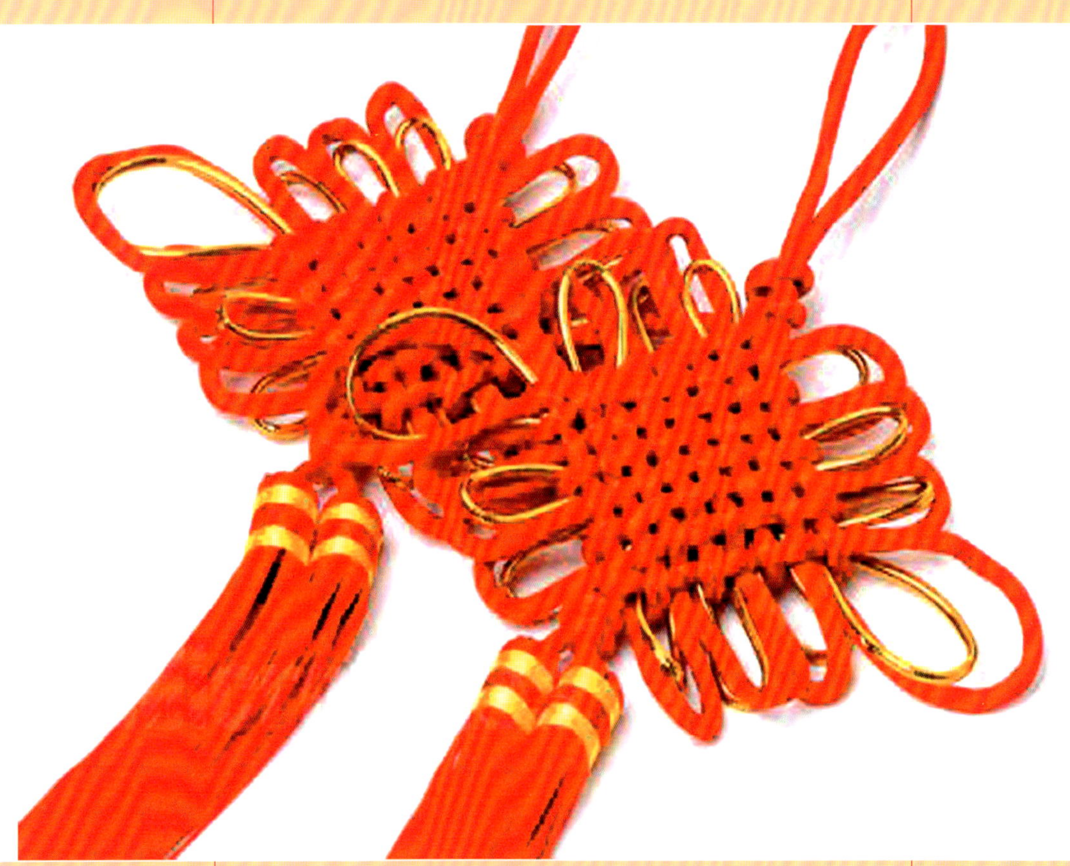

右脑五感立体成像卡片

1-1 人的大脑

人的大脑就像一台超级生物计算机，是世界上最复杂、最精密、最灵敏的器官。

人的大脑中有 2000 亿个脑细胞，可储存 1000 亿条信息，拥有超过 100 兆的交错线路，平均每 24 小时产生 4000 种思想。

研究发现，脑中蕴藏着无数待开发的资源，而一般人对脑力的运用不到 5%，剩余待开发的脑力与潜能是个体表现优劣与否的关键。左脑与右脑功能结构见下图。

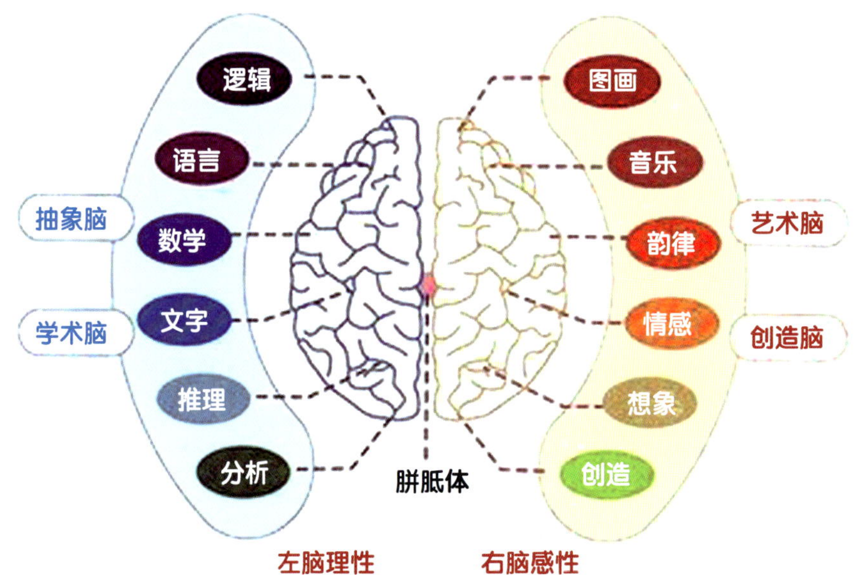

左脑与右脑功能结构

人的脑部构造分为大脑与小脑。

大脑由大脑皮质（大脑新皮层）、大脑边缘叶（旧皮层）、脑干（脑干是脊髓向上延伸的部分，其下端与脊髓相连，上端与大脑相接）、脑梁（脑梁是位于大脑内部正中间位置的 2.5 亿条神经纤维束，呈白色，也称胼胝体）所构成。

此外，大脑又分为左右两个半球，左半球就是左脑，右半球就是右脑。左脑、右脑平分了脑部的所有构造。左脑与右脑通过胼胝体连接。左脑与右脑形状相同，功能却大不一样。

1-2 左脑、右脑的功能

日本著名右脑开发专家春山茂雄形象而科学地把左脑称为包含感情的“自身脑”，把右脑称为继承祖先遗传因子的“祖先脑”。——这已经成为很多从事右脑开发研究的专家的共识。

有专家认为，右脑包揽着人的生活所必需的最重要的本能和自律神经系统的功能，包括道德、伦理观念及宇宙规律等人类500万年来所获得的全部信息，它储存着人类智慧的基础软件。与右脑对应的左脑，则储存着人自身一辈子所获得的信息，从时间上计算，最多就是

几十年，极其短暂。虽然，由于每个人年龄、经历、生存环境的不同，获取的信息种类和信息量也有所不同，但无论如何，一个人一生的信息积累，与整个人类几万年的信息积累，是没法相比的，右脑储存的信息量远远大于左脑。

左脑主要司理性，也叫语言脑、抽象脑、学术脑，控制着语言、文字、数学、逻辑推理、分析判断等，和显意识有密切的关系。

左脑把人的眼睛看到、耳朵听到、鼻子嗅到、舌头品尝到及身体的各部分触到的感觉（即左脑五感）信息转换成语言来传达。这样的信息处理，速度比较慢，容量比较小。所以说，左脑的记忆相对右脑而言，是一种“劣质记忆”。

右脑主要司感性，也叫图像脑、艺术脑、创造脑，控制着图画、音乐、韵律、情感、想象和创意等。右脑的记忆方式是图像记忆。它在记忆的时候，把“五感”所感觉到的一切，都变为图像，如把语言变为图像，把文字变为图像，把平面的物体变为立体的物体，把静止的物体变为运动的物体，这样的记忆方式既简单，速度又快。

左脑与右脑里面的因果关系是互为逆反的。在左脑

里呈现的一切，是先有原因后有结果；而在右脑里呈现出来的一切，是先有想象的结果，然后出现与想象结果完全吻合的原因。左脑的原因力量非常强大；与此相反，右脑的结果力量非常强大。

人的左脑有“五感”，右脑也有“五感”。要想让右脑发挥作用，就要让右脑的“五感”活跃起来。

右脑的五感包藏在右脑底部，可称为“本能的五感”，它控制着自律神经与宇宙波动共振等，和潜意识有关。

一般，成人右脑的“五感”都受到左脑理性的控制与压抑，因此很难发挥既有的潜在本能。儿童，由于右脑关闭的时间不长，还可以运用人为的方法重新激活或是打开。儿童右脑五感真正激活以后，就会有很神奇的表现，心理学家称这种情形为“共感”，这就是右脑的潜能。

1-3 左脑、右脑的发展和使用情况

现在的人们，左脑、右脑发展情况是不一样的。统计显示，绝大多数人（大概有 90%）左脑思维比较发达，他们的右手使用情况比较好。大概有 10%的人是左撇子，他们的右脑使用情况可能好一些。

左脑、右脑的发育程度不同，则隐含了这些人的很多特质和天赋的秘密：理解语言、文字、数学、逻辑推理和分析判断的脑细胞集中在左脑；发挥情感、欣赏艺术、体育运动和发挥创造能力的脑细胞集中在右脑。

左脑比较发达的人，语言和文字的表达能力比较强，处理事情比较有逻辑、有条理。他们在社交场合比较活跃，善于判断各种关系和因果；善于统计，做事情比较心中有数；善于做组织、领导工作；善于做技术类、抽象的工作，如电脑编程。左脑发达的人，方向感比较强。

右脑比较发达的人，在感知觉和想象力方面有可能更强一些，而且感知觉、空间感和把握全局的能力都有可能更强一些。他们在做各种动作时，相对更敏捷一些、更协调一些。他们学习和理解艺术的能力可能更快一些、更强一些。

右脑最重要的作用是创造性思维。右脑不拘泥于局部的分析，而是统观全局，以大胆猜测跳跃式地前进，做出直觉的结论。在有些人身上，直觉思维甚至变成一种预判能力，使他们能判断未来的变化，做出正确的决策。这种决策判断实际上是建立在对周围事物全面而迅速综合判断的能力基础上的。

左脑的记忆回路是低速记忆，而右脑的记忆回路是高速记忆。左脑记忆可能会是记得慢，忘得快。右脑记忆则让人惊叹，它有“过目不忘”“过耳不忘”的本事。我们在社会上会遇到“过目不忘”“过耳不忘”的人，并不是他们与一般人有什么不一样，而是机缘巧合，开

发了一部分右脑功能。

男性使用大脑与女性使用大脑的情况也有不同：男性是根据左脑和右脑各自不同的分工来使用大脑的，相比之下，女性却可以同时使用左脑和右脑。

男性和女性大脑的最大区别主要是大脑皮层的构造不同。女性大脑的沟通、交流能力特别发达，她们细致、敏感，能够通过察言观色来了解对方的心理，直觉也很灵敏。从构造上看，女性左脑、右脑的脑梁部分粗于男性，左右脑的沟通、交流更方便、快捷，因此左脑、右脑可以顺利地同时使用。

而多数男性方向感比女性强。

生活中，男性的语言表达能力和理解能力可能远逊于女性。

以上说的右脑能力强一些，或是说使用右脑，只是说的一些差别，“稍微多一些”或是“稍微少一些”，并不是真的开启了右脑。总的来说，现在人们的右脑只是使用了很少的部分，还没有真正让右脑全部投入使用。现在人们的大脑使用量不到5%。所以说，开启右脑的问题，是一个非常需要解决的重要问题。

1-4 右脑记忆

日本一生致力于研究开发右脑功能的七田真教授在他的《超右脑照相记忆法》一书中记载了这么一个例子：

1917 年，德国一位中学生物教师奥托·库洛在教室黑板前让一个学生解释蜘蛛是如何结网的。学生的描述非常生动，仿佛在边看边说。老师觉得很不可思议，就问："黑板上有什么东西吗？"那个学生回答说："黑板上有蜘蛛。"有其他学生也说看见了黑板上的蜘蛛。老师一检查，发现 40% 的学生都能看到黑板上的蜘蛛在动的栩栩如生的样子。这种能力，后来被命名为"直觉图像"。

这种直觉图像，就是儿童右脑成像能力的再现。

七田真教授说，他指导的日本 200 家以上的幼儿学习班中，学生们能看到直觉图像的比率达到 100%。

七田真教授还举了一个参加过右脑记忆训练学生的例子。这个学生上小学三年级时，参加过右脑训练。但他没兴趣继续学下去，中断了。当他上初中的时候，当初的右脑训练成果显现出来了。语文课上，老师让学生背诵一段书，这个学生只用 10 分钟就背了下来，这时，其他同学还都在辛辛苦苦地背诵过程中。做数学题时，别的同学还在冥思苦想，他却只要闭上眼睛，深呼吸两三次，就能流利地写出答案。跑百米时，他只要闭上眼睛，做几次深呼吸，就会跑出非常优异的成绩。

现在，右脑记忆，已经成了世界各国都在研究和推进的学习记忆方式。

前边已经说到，右脑记忆，是右脑将收到的信息以图像方式处理，就是用照相的方法、录像的方法记忆。

我们现在的大多数人都在用照相机、手机。特别是智能手机，大家几乎是随身携带，手机成了人们一刻都离不开的生活物品。照相机、手机，给现代人的生活带来了巨大便利。人们走到哪里，无论是工作、聚会，还是休闲、玩耍、旅游，看到想记录下的场景、景物、图形、文字，就拿照相机、手机对着此物拍照、录像，不需要再用笔和纸记录或是用大脑记忆。这些照相或是录像资料，不管是存在照相机、手机或是电脑里，什么时候想看，打开看看，还是原样的记录，非常准确。如果想发给同学、同事、亲朋好友，也非常方便，实情、实景，比口头述说方便多了。

人右脑的记忆，也如照相机、录像机这样的记忆，可以瞬间完成。所以，右脑能够把大量的信息一并处理、

快速处理（心算、速读等即为右脑处理信息的表现方式）。右脑储存信息的容量大，处理速度快。右脑的记忆可以做到“过目不忘”“过耳不忘”。

现在科学家认为，左脑、右脑的记忆速度和容量的比是1 ： 1000000。

阅读和学习，是对知识“记”的过程，是存储过程，

而对知识的再现和运用是“忆”的过程，是对已学习过的知识的提取。人脑的记忆，关键不在于“记”，不在于储存，而在于“忆”，在于检索，在于提取。说是“记”住了，但是到了用的时候“忆”不起来，提取不出来，还是用不上，等于没有记住。我们掌握快速记忆法的关键，就是当人们需要知识的时候，能有效地把“记”下的内容，大量地、快速地、准确地“忆”出来。这就要求我们不仅能把记的内容牢固地“记”（储存）在脑海里，而且能在适当的时候快速地把这些内容“忆”（提取）出来。这种能力在右脑。

这种巨大的能力，我们每个人都具备，只不过很多人还没有自觉地认识和发现它，没有去科学地训练和系统地掌握它罢了。现在说的“开启右脑”，或是“开发右脑”，或是“激活右脑”，就是要开发人脑的这种巨大潜能，让人右脑的这种巨大潜能发挥出来，为人的学习、工作和生活服务。

1-5 开发右脑

右脑支配左手、左脚、左耳等人体的左半身神经和感觉，而左脑支配右手、右脚、右耳等人体右半身的神经和感觉。所以说，有的右脑训练课程，就注意训练左手的活动能力，如学习乐器、做体育运动等。这种训练是有道理的。

因为语言中枢在左脑，所以左脑主要完成语言的、文字的、数学的、逻辑推理的、分析判断的思考认识和行为。而右脑是没有语言能力的，是个“哑脑”，它主要负责直观的、综合的、几何的、绘图的认识和行为。

右脑的记忆速度快，记忆能力强。如果在日常工作和生活中，对某件忘记的事情突然记忆起来了，对某件困惑已久的事情突然有所顿悟，或者突然豁然开朗，其实这都是右脑潜能发挥作用的结果。

人脑的大部分记忆，是将情景以模糊的图像存入右脑，如同照相、录像的工作原理一样。信息是以某种图画、形象的记忆方式，像相片、录像资料的方式记入右脑的。这些记忆，还可以从右脑中回放出来进行思考。比如，有人离开家后忘了锁没锁门，他就可以回放自己在家门口的动作与场景来捕捉是否有锁门的动作。所谓思考，就是左脑一边观察右脑所描绘的图像，一边把它们符号化、语言化的过程。所以，左脑具有很强的工具性质，它负责把右脑的形象思维转换成语言进行述说。

被人们称为“天才”的科学家爱因斯坦曾经说过：“我思考问题时，不是用语言进行思考，而是用活动的跳跃的形象进行思考。当这种思考完成以后，我要花很大力气把它们转换成语言。”可见，我们在进行思考的时候，需要右脑先回忆非语言化的“信息录像”（记忆存储）的具体形象，左脑再进行符号化、语言化。

右脑是创新能力的源泉。现代社会强烈要求创新能力。有人问：创新能力是什么呢？创新能力，实际上就

是把头脑中那些被认为毫无关系的情报信息联结、联系起来的能力。这种并不关联的信息之间距离越大，把它们联系起来的设想也就越新奇。人是不能创造出信息的，所以，创造力也就是将已有的信息再加工的过程。因此，假如右脑能让本身直观的、综合的、形象的思维机能发挥作用，并且有左脑很好地配合，就能不断有崭新的设想产生。

我们现在的人，绝大部分是用左脑的，右脑很少使用。

今后，“左脑人”将被电脑逐渐取而代之。

当今的人，左脑超负荷运转，右脑闲置浪费，创新能力不够，思维趋同，干什么事要么“一窝蜂”，要么“一刀切”。这些思维问题，在农业的种植上、企业的发展上、各种事业的谋划上，都有很多的表现。这种左脑思维模式大到对国家的产业结构、生产力布局，小到企业或公

司的投资方向和经营模式，乃至每个人的心智发展和生活方式都产生重复趋同、恶性竞争等不良结果。

人的大脑有左右两个功能不同的部分，电脑恰恰能够代替左脑。例如微软视窗操作系统，它能够很好地组织文字、编辑文章，能进行数学计算，设计、填写各种表格，这些都是人左脑的功能。电脑，一开始就是为了代替人的逻辑、计算、语言处理和分析等功能而设计的，

这些也都是左脑的工作。随着电脑功能和软件技术一日千里的发展，升级速度的加快，人工智能化时代的到来，电脑功能就会远远超过人的左脑功能。随着人工智能技术的发展，电脑代替人类左脑工作的能力就会越来越强，代替人类左脑工作的门类就会越来越多。电脑可以代替人在超市、银行等地方工作，可以代替人驾驶汽车、飞机、坦克、军舰，代替人上生产流水线……

在电脑迅速普及的今天，知识经济时代对我们每个人又提出了什么要求呢？简单地说，就是每个人都要能够适应计算机时代的大脑使用方法。就是需要人们把左脑的工作，逐渐地交给电脑去做，人要充分发挥右脑的创造能力，去做电脑不能做的工作，发挥电脑不能发挥的能力。如果你只想从事简单的可被电脑取代的劳动，你早晚会被电脑和机器淘汰。

今后，要想在竞争激烈的市场中有所突破，要想在

人才济济的世界中脱颖而出，要想使你所在的地区、领域、单位、企业另辟蹊径，创造性地开辟新的发展道路，每个人、特别是从事脑力工作的领导者、管理人员、企业家、策划师、销售人员等，都必须充分地活化、开发和使用自己的右脑，必须把用脑方向转向电脑无能为力的创新策划、综合判断、制订计划、分析感悟和形象概括上。由此可见，现代人都必须注意开发和使用右脑。开发儿童右脑，培养优秀的接班人正是当务之急。活用右脑，使左右脑全面运用，未来将成为人们突破困境、出奇制胜的犀利武器。

1-6 右脑的四项功能

如果让右脑大量记忆，右脑就会对已经掌握的信息自动加工处理，并衍生出创造性的信息。也就是说，右脑具有自主性，能够发挥独特的想象力、思考力，把创意图像化，同时具有作为一个故事述说者的卓越功能。如果是用左脑的话，无论如何的绞尽脑汁，都有它的局限。但右脑不同，右脑的记忆力只要和思考力一结合，独创性的构想就会神奇地被激发出来。

经研究发现，人类的右脑有四项重要的功能。

1. 共振共鸣功能，就是右脑能将外界信息都作为波动信息来接收，就是人脑与外部世界的共感。比如有两个相邻的音叉，当一个发出声音时，另一个也会随着第一个音叉声音的频率开始振动。人的右脑也有这种共振共鸣的功能。

2. 形象化功能，就是右脑能将获得的信息印迹变为图像储存起来。比如说有一段书面文字，我们用左脑看到的只是这段文字，而笔者在教学实践中发现，开启了右脑的孩子，看到这段文字，脑子里就会出现一个场景，这个场景可能有声音、有颜色、有动作，是生动活泼的图像。

3. 高速大量记忆功能，就是右脑能迅速大量获取信息并能将其记住。右脑的记忆容量很大，是左脑的 100

万倍。右脑的记忆速度快，如果右脑运用得好，可以逐步达到“过目不忘”“过耳不忘”的能力。人的左脑记忆，有时是记住了，但时间长又忘记了。如果是右脑记忆，如果还会产生“没有记住”的现象，可能不是没有记住，而是没有“忆”出来，没有从记忆库中“检索”出来。例如，一时忘记了的事情，过了一段时间，又记起来了，这就说明，并没有真的忘记。

4. 高速信息处理功能，就是能将收到的信息进行超高速自动处理。由于右脑记忆是图像记忆，所以不但记忆速度快，而且记忆的内容多、详细，是多层面、多角度的记忆。右脑又可以把记忆的信息再组合，产生创造性的灵感，得出左脑记忆想象不到的结果。

左脑则没有以上功能。

开启了右脑的孩子，右脑的共振共鸣功能、形象化功能、高速大量记忆功能、高速信息处理功能都可以有

效发挥。经过训练，孩子凭右脑的五感可以接收外界的波动信息，可以看书、写字、玩扑克牌、看电脑。他们的右脑像照相机、摄像机一样，可以把所看到的书籍、图像，接收到的外界信息，转变成有形象、有声音、有气味、有味道、有触觉的图像储存于右脑中。他们可以快速地接收、储存、处理外界信息，并且还可以根据需要把已经获取的信息作为图像回放出来。

1-7 开启右脑给孩子带来的好处

开启右脑给孩子带来的好处，可以简单概括为以下几点。

1. 学知识快。经过训练，他们可以快速阅读，快速记忆，做到“过目不忘”“过耳不忘”。右脑照相记忆，能够把只“瞥”过一眼的内容，听过一次的声音，以图像的形式记在脑海里。听老师讲课，听一遍就记住了。读一本几万字的书，可能几分钟、十几分钟就可以完成。他们可以在有限的时间里，获取比别人更多的知识。对他们来说，学好学校规定的课程，完成学校布置的作业，都是很容易的事情，再也不必为学习发愁，再也不必为做作业发愁，学习成绩上升，就成了顺理成章的事情。

2. 学知识多。他们的学习，再也不苦，再也不累，读书、学习会变成乐趣。剩余精力多了，学习兴趣浓了，他们会有很多的精力阅读更多的课外书籍，学习更多的课外知识。他们会想更多地了解精彩的世界。童年的求知欲会表现得更加充分，更加明显。他们，虽然与同学们在同一年级学习，但他们读过的书，可能会比其他同学多得多，掌握的知识可能也会多得多。

3. 有创造性。由于开启了有强大图像功能、艺术功能、创造功能的右脑，孩子的动手能力和兴趣会逐渐提高。他们学习写字、画画、音乐、体育、手工制作等方面的能力和速度会更好、更快。比听课、阅读、掌握知识更重要的是，他们的右脑在掌握了“海

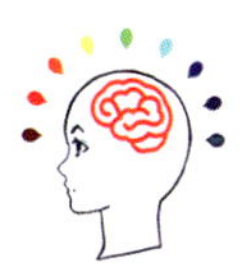

量”知识后的创造能力会逐渐地显现出来。他们可能表现得经常思考一些问题，研究一些问题，探索一些问题。

4. 亲情浓。由于学习轻松了，学习成绩好了，掌握的知识多了，他们会变得更有自信，更加沉稳。他们可能会乐于参与更多的学校活动、家务劳动、社会活动。他们可能会更懂得与家长沟通、与老师沟通、与同学沟通，与家长、老师的关系更加亲密，与同学、伙伴的关系更加和谐。

5. 快乐成长。他们会有更多的时间玩耍，享受童年。他们学习是学习，玩耍是玩耍，做事是做事，或者把做事当成一种快乐，一种玩耍。可以提高他们童年生活的幸福感。

对于刚刚开启了右脑的孩子，家长可能会觉得非常突然，非常神奇。

觉得神奇是可以理解的，因为开启右脑是过去我们没有认识的事情。但是，不能认为奇怪，去怀疑它。开启右脑是科学，是用科学的方法，开启了人本身具有的能力，是实实在在的事情。科学在发展的道路上经常是这样的，有很多的科学，刚开始发现的时候，就是只有一个人，或是少数人懂得，其他人不懂得，后来渐渐地传播开来，使大家懂得，使大家接受，使大家受益。希望家长对刚开启右脑的孩子要多关心、多帮助、多表扬、多鼓励，使孩子增加学习的兴趣。不能对孩子的能力产生怀疑，认为孩子是不是偷看了，是不是弄虚作假了，不相信孩子，伤了孩子的自尊心，弄得孩子再也不愿意继续下去。希望家长注意教育方法。

有的家长，认为孩子有了这种能力很自豪，到处夸赞，让孩子到处表演。孩子自己并没有家长那样的神奇感，他的能力还有待于提高，他们可能不愿意表演。这时，家长就不要强迫孩子去表演，不要强迫孩子去做不愿意做的事情，不要让孩子失去兴趣和伤了自尊心。

红灯笼

右脑五感立体成像卡片

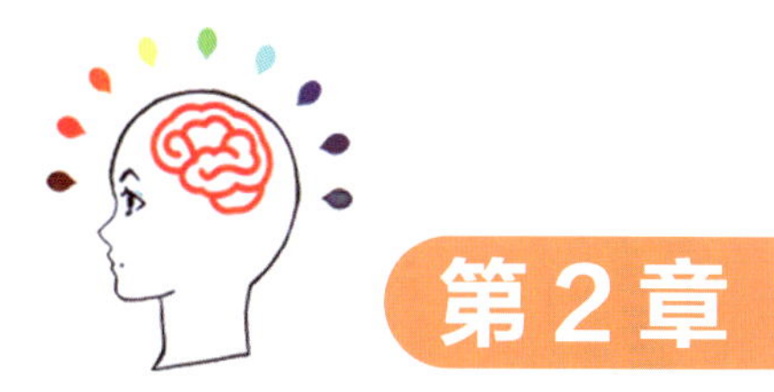

第2章 迅速开启右脑

彩色铅笔

右脑五感立体成像卡片

2-1 开启右脑的意义

2-1-1 什么叫“开启右脑”？

开启右脑，就是用人为的方法，让一个人（主要指儿童）避开左脑对右脑的控制，激活已经关闭的右脑五感，使人体已经存在的90%未使用的右脑区投入使用，使其能力和作用加强，加大儿童大脑的信息容量和记忆速度。

按照人成长的自然规律，孩子在6岁前主要是用右脑思考的。6岁以后，由于使用右手教育的加强，以及语言、文字教育的加强，左脑也就日趋活跃，右脑逐渐被左脑控制，逐渐被关闭，6岁之后的孩子，如果还要充分发挥右脑的功能，就需要用人为的方法去“激活”“开启”。

“开启右脑”，也可以叫作“激活右脑”。

调查显示，现在95%以上的人仅仅使用了大脑结构的一半，即左脑。为什么会出现这种现象呢？这与人类所处的社会阶段、社会需求和生活习惯等有关。

根据日本七田真教授的研究，人类在远古时代，右脑的能力很发达，右脑具备了超越常识那种几乎可称为全然未知的天才似的能力，这种能力自古以来就隐藏在人们脑海里，是一种超越时间、空间，与无限境界相联结的能力。他们使用右脑多，左脑是不发达的。后来，随着社会的发展，人类对大脑的需要，即语言、文字、数学、逻辑推理、分析判断的内容越来越多。这些，都由左脑处理，所以，人类的左脑越来越发达，右脑的使用越来越被忽视。随着人类的进化发展，运用左脑越来越多，人类的教育也就以左脑教育为主，让小孩子努力学习语言、学习数学、学习逻辑推理和分析判断，学习日后生存所必需的知识。左脑的发达，造成习惯于右手使用工具。这样，左脑每天都受到不同程度的刺激，左脑满负荷运转。另外，由于传统应试教育，不注重艺术性、创造性思维能力的培养和考察，使孩子缺少非语言思维能力的教育。许多学校和家庭没有注意到右脑的开发问题。

2-1-2　6 岁前孩子的右脑教育

科学研究和实践经验告诉我们，孩子在 6 岁之前，对事物的思考主要以右脑为中心，这是人右脑最活跃的年龄段。这时，适当的、良好的刺激可以让右脑功能发挥得更出色。及早对宝宝进行感官（五感的感官）训练，促进他的右脑发育，对宝宝的整体发育，包括智力、心理及学习生活能力等，都有重要意义。右脑的开发问题，时时刻刻存在于孩子的成长和生活当中。只要得到科学的指导，父母也会成为孩子早期教育的好老师。有许多研究指出，0—3 岁是幼儿智力发育最迅速的时期。孩子的右脑开发工作，可以在 6 岁之前开始。

2—6 岁是人一生中识字的“黄金时期”，因为这个年龄段的孩子主要是在用右脑，记忆速度快，能力强。

这个年龄段的孩子，接受知识快，而且可以培养记忆能力、思维能力、动手能力、观察能力、语言能力和理解能力，并为自由阅读和进入小学学习打下扎实基础。这时，可以多教孩子说话、背诵。背诵的内容可以从简单到复杂，逐渐增多。汉字是基础教育的灵魂，识字是百课之母。在我国，有些父母、家庭已经注意到了这点，他们的孩子在进入小学前，已经认识了不少汉字，有的甚至达到了可以阅读报纸的程度。但是还有相当多的父母和家庭还没有注意到这一点。孩子错过了“黄金时期”，是非常可惜的。

中国的儿童识字，可以根据儿童心理学、儿童教育学、美学、汉字规律等特点，寓教于乐，不仅让孩子轻松地牢记汉字字形，同时可以解读其含义，顺利地阅读及使用所学词汇。此外，汉字还特具简短明确的优点。它的音节少，最适合未来声控计算机使用。我们还应该看到，随着中国经济的飞速发展，国际地位的提高，国际交流日益频繁，汉字或将成为世界重要的通用文字之一。当今世界各国汉字、汉语热的兴起，有力地证明了这一大趋势扑面而来。

2-1-3　6 岁后孩子的右脑教育

孩子渐渐长大，大人对他们的语言教育、文字教育、数学教育、逻辑推理教育、分析判断教育等，就渐渐多起来了，这都是开发左脑的教育。特别是上学之后，进行的基本都是左脑教育。就连有些孩子做事情的“左撇子”习惯，可能也要被纠正过来。所以，孩子们的左脑就加强运转。年龄越大，左脑的能力就越强，用进废退，右脑的能力也就越来越弱，以致右脑不自觉地逐渐关闭。

我们说的开启右脑，主要是指 7—12 岁的孩子。这个年龄段的孩子，右脑已经逐渐关闭了。但这只是刚刚关闭，时间还不长，只要方法得当，就能比较容易地把孩子的右脑再开启，让功能强大的右脑加入为孩子的学

习、生活服务的行列中。

孩子的年龄越大，开启右脑的难度就越来越大。

那么，成人呢？什么样的成人比较容易打开右脑？七田真教授认为，心思专注、纯真，没有成见的人，比较容易进入神奇的右脑世界。

对于广大青少年来讲，开启右脑，不仅能够增加大脑的记忆容量，提高记忆速度，使青少年在有限的时间里学习、掌握更多的知识，为将来充分发挥右脑的创新功能打下基础。在当前，还有一个好处是，这样可以用右脑的生理条件为左脑的学习负担减压，实现快乐学习、轻松学习。

普通人和天才、科学家、伟人的区别到底在哪里？区别在于大脑的应用与发挥上。普通人将大脑的优势资源实行了逐步隐退，即逐渐地关闭了右脑，只用左脑，天才、科学家、伟人，之所以有非凡的成就，是因为他们自觉或不自觉地在充分利用自己大脑的优势资源，发挥出大脑的巨大能量。

2-1-4　世界各国重视记忆力教育的情况

记忆力教育是非常重要的学习方法。

儿童记忆力教育是激活右脑的途径。

世界各国成功的教育，无一不是重视记忆力教育的。

我国古代的教育，非常重视的一个方法就是背诵。背诵就是记忆。过去的私塾教育，就要求学生大量背诵。背诵中国古代的一些经典著作如《三字经》《千字文》《百家姓》，还有四书五经等。

"四书"指《大学》《论语》《孟子》《中庸》，它们是中国儒家学说的中心。宋朝的朱熹把它们视作孔子师徒传授学问的途径，因此将其一一加注后让弟子们学习。“五经”指《诗经》《尚书》《周易》《礼记》《春秋》，它们出现在四书之前，也是儒家的5种经典著作。私塾要求学生先是背诵，然后才开始讲解。

日本的教育也很重视记忆训练。

日本的著名教育家阴山英男在其所著的《天才是怎样炼成的》一书中，列出要求学生背诵的书目，其中包括《日本国宪法全文》《源氏物语》《论语》《老子》《孟子》等。《天才是怎样炼成的》在全日本发行超过300万册，被认为是改变日本近年思想教育观念最畅销的书，受到日本教育厅的推荐。

日本在明治维新以前的教育，非常重视“素读”中国的四书五经。“素读”就是不追求理解所读内容的含义，只是纯粹地“读”。获得诺贝尔物理学奖的日本物

理学家汤川秀树博士，从 3 岁就开始读四书五经，他和他的哥哥、姐姐每天接受“素读”训练，先是读四书，然后是五经、唐宋八大家的著作、《十八史略》，一直读到《资治通鉴》的开头部分。

犹太民族以头脑聪明、重视教育而著称。犹太人从孩子 1 岁半就开始进行记忆训练。孩子到 5 岁时就开始接受正式教育，学习《摩西五经》、学习大部头的《旧约》《塔木德经》的基础知识。他们认为，如果不培养出一个好的记忆力，今后就没办法学习其他知识，一旦大脑记忆容量变大了，大脑就有能力不断储存新的信息。犹太人教学将口读、耳听、目观等各种方式综合起来。

有些课文单调，他们就用一种类似于圣歌的旋律来吟读，让学生将内容“印”在脑子里。犹太人，在全世界只有1330万人，但他们却在获诺贝尔奖人数中占30%。

英国把识字、阅读确定为教育的奠基工程。

法国3—6岁儿童经过识字已基本具备阅读能力。

美国1957年进行了第一次教育改革，采用了卢梭和杜威倡导的“自由化教育”理论，主张不背诵，不重视记忆，强调孩子的自由思考，结果导致孩子们学习能力低下，甚至不具备基本学习能力。

第一次教育改革失败后，美国在1980年又进行第二次教育改革。这一次是参考日本教育。1981年里根就任美国总统时，把教育改革作为国策的首要任务。1983年“国家优异教育委员会”发表了题为《国家在危急中：

教育改革势在必行》的报告。这篇报告在美国国内非常畅销，卖出了3500万份，它使美国国民开始了解学生们学习能力低下、学习时间不够及教师素质低下等问题。1986年，美国的本杰明·杜克教授出版了《日本的学校》一书，提出“美国要学习日本”，增加学习时间，重新重视知识的“背诵”——要记住该记的东西。这时的美国认识到，主张“自由化”“人性化”“社会化”的教育理论，是导致美国教育失败的元凶，是使国家衰退的元凶。1985年，美国全面启动“2061计划”，这是它面向21世纪人才培养、致力于中小学课程改革的跨世纪计划，并总结这一计划在实践中获得的成就，出版了《科学教育改革的蓝本》《面向全体美国人的科学》《科学素养的基准》等一系列图书，把教育改革列为国策。由此可见，儿童的培养关乎整个国家和民族发展的命运。

德国考古学家舍里曼掌握18国语言的学习方法就是大量朗读，大量背诵。他在学习俄语时，就把一本法语小说的俄语译本全部背了下来。由于背诵能力强，他能在 6 个星期内学习掌握一门外语。

20 世纪世界伟大的科学家爱因斯坦说过，人类最伟大的发现之一，就是对大脑无限潜能的认识。人的大脑的潜能是无限的。人类的大脑，有的科学家认为，只使用了 3%，有的科学家认为只使用了 9%，他们的共同认识是，人类的大脑有 90% 以上处于休眠状态。到目前为止，大家都认为爱因斯坦是世界上最聪明的人。爱因斯坦去世以后，科学家对他的大脑进行了解剖，发现他的大脑是目前世界上使用最多的，但也只使用了 1/3，2/3 仍处于休眠状态。也有的专家认为，人类的潜在智商都在 2000，但现在人一般表现出来的只有 49—152。一个人的智商如果达到 140 以上，便可被称为天才。这样的“天才”，连人类潜在智商 2000 的 1/10 都不到。人类潜在智商的 9/10 都没有得到发挥，所以各国都把脑科学的研究列为最富有挑战性的科学研究课题之一。

2-2 右脑记忆的例子

右脑记忆力分为“视觉记忆型”和“听觉记忆型”两类。

具有右脑视觉型记忆的人，能够在脑海中再现看过一次的事物图像，这就叫作“过目不忘”，很多杰出人物都表现出了这种能力。

恺撒大帝

据说，罗马共和国末期的军事统帅、政治家、8年征服了高卢全境（大约是现在的法国）的恺撒大帝，有很好的记忆力，他能“过目不忘”，他能记住他手下每一个士兵的面孔和姓名。

亚里士多德

古希腊的哲学家亚里士多德，他的知识面很宽，他的著作包括了物理学、哲学、诗歌、音乐、动物学、逻辑学、政治、伦理学等，他能“过目不忘”，他能把所有看过的书一字不差地背诵下来。

拿破仑

率领军队多次对外扩张，形成了庞大的帝国体系，并且创造了一系列军事奇迹的法兰西第一共和国的执政者、法兰西第一帝国的皇帝拿破仑，有“过目不忘”的能力，他对当时法国海岸所设的大炮位置及它们的种类，都记得清清楚楚。

戴高乐

参加过第一次世界大战、第二次世界大战后任法兰西第五共和国第一任总统，1964 年与毛泽东主席共同以超凡的战略眼光，毅然作出中法全面建交历史性决策的法国军事家、外交家、作家戴高乐也记忆力超群。

居里夫人

法国两次获得诺贝尔奖的居里夫人，也以记忆力超群而著称。她从小学习就非常勤奋刻苦，对学习有着强烈的兴趣和特殊的爱好，从上小学开始，她每门功课都考第一。15 岁时，就以获得金奖章的优异成绩从中学毕业。

中国古代也有很多这样记忆力超群的人。

黄庭坚

我国北宋时期的黄庭坚，自幼聪颖异常，读过几遍的书就能背诵出来。他舅舅李常到他家，取书架上的书问他，他没有不知道的。随便拿一本书来考他，他对答如流，背诵起来只字不漏。李常非常奇怪，称他有“一日千里之功”。

李清照

南宋女词人李清照也有极强的记忆力。她在《金石录后序》中写道:“余性偶强记，每饭罢，坐归来堂烹茶，指堆积书史，言某事在某书某卷第几页第几行，以中否角胜负，为饮茶先后。”在精确地指出“某事在某书某卷第几页第几行”时，李清照的脑海中浮现的就是翻开的几页书的图像。

小说《红楼梦》中也介绍了这种超凡的记忆力。林黛玉看见贾宝玉在大观园树底下看《西厢记》，就要过来看。她越看越爱看，不到一顿饭的工夫，把十六出戏词都看完了，坐在那儿默默地背诵、回味。并且说："(宝玉)能过目成诵，难道我就不能一目十行吗？"

著有《蜀山剑侠传》《青城十九侠》等作品的武侠小说名家李善基，以记忆力好而闻名于朋友中。他写《岳飞传》时，借阅了很多书，例如《宋史》《金史》及其他一些相关著作，经常是今天书刚刚到手，第二天他就可以成段背诵。

日本多年研究右脑记忆科学的七田真教授在他的著作中列举了日本很多记忆力超群的例子。

例如，日本明治维新时期的学者南方熊楠。南方熊楠小的时候，记忆力超群。在他不到 10 岁的时候，一次去邻居家发现书橱里有一本日本的百科词典《和汉三才图会》(105 卷)，就一一取而读，默记而返，回家后凭记忆按原样誊写出来。他用同样的办法，把邻居家的《本草纲目》(52 卷)也全部记住，回家誊写了出来。长大后，他成为黏菌研究的世界第一人，人们称他为“大天才”。

例如，日本江户时代，有一个叫帆足万里的人，他也记忆力超群。有一天，他外出途中遇雨，就在路边的染坊避雨。店主正在算账，他就盯着店主打开的账本看了一会儿。几天后，染坊发生火灾，被烧个精光。由于账簿被烧，店主记不住欠账人员的姓名和欠账数字，对借出去的钱没法收回来而焦虑万分。帆足万里闻听此事，来到染坊，把店主账簿上写着的人名、住址、交易内容一一告知店主，店主得以避免了因账本被烧而带来的损失。

以上这些例子，可算是视觉记忆型的人。

据统计，世界上的人，大约有60% 属于视觉记忆型。而开启了右脑，利用右脑记忆的视觉记忆型的人，他们把看过的文字转换成图像，记忆在右脑中。需要时，再把右脑中的图像回放出来就行了。

具有右脑听觉记忆的人，听觉十分敏锐，能在脑海中再现只听过一次的声音。他们把听过的声音，不管是读书声还是唱歌声，或是乐曲声，都变成图像储存起来，需要时再把图像回放出来。

迅速开启右脑

蝴蝶

右脑五感立体成像卡片

王充

中国古代哲学家王充，自幼记忆力过人。8 岁时，有一天，他听父亲朗读《论贵粟疏》，等父亲读完，王充几乎一字不漏地把全文背了出来。

莫扎特

欧洲著名古典主义音乐作曲家莫扎特有着惊人的听觉记忆力。有一次，7 岁的莫扎特与 12 岁的姐姐一起参加音乐会，乐队在钢琴或其他乐器上弹奏出的每一个音或是每一个和弦，或者用其他东西，如小铃、玻璃杯等发出的声音，他都能准确地说出这些音的名字。莫扎特 14 岁时，在意大利一家教堂内听了作曲家戈里奥·阿利格利的多声部合唱《赞美歌》后，竟凭记忆写出了全部多声部合唱的总谱。莫扎特的音乐才华和惊人的记忆力使当时的意大利人深深着迷。

虞世南

我国唐代的大书法家虞世南，也具有非凡的听觉记忆力。

相传，当时的皇帝唐太宗把虞世南召来，要他把105名烈女的小传用工楷写在大明宫的屏风上。唐太宗边说边拿出稿本，把这些烈女的主要事迹一一介绍给虞世南。虞世南听完后，来到大明宫，凭着自己的记忆，一边挥毫，一边构思，只花了一昼夜的工夫就完成了书写任务。细细校阅，竟然没有一处错误。

我国的近现代，这样的例子也不少。

在《毛泽东与十大元帅》一书中记载了贺龙元帅的这么一个故事。

贺龙基本不识字，“两把菜刀闹革命”后，靠着作战机智、勇敢和指挥能力强，被提升为团长、旅长。作战指挥，他在副官的手掌上写上自己仅仅会写的“贺龙”二字，口授命令，然后副官到部队去，将手掌张开让部队领导人看贺龙的签字，再高声宣布命令。这种方式一直维持到 1927 年。1927 年“八一南昌起义”后，宋庆龄发表宣言支持南昌起义。起义第二天，参加南昌起义的贺龙部队的党代表周逸群将宋庆龄的宣言念给贺龙听。贺龙听后要周逸群再念三遍。周又念了三遍。贺龙说：“这篇文章真好。你周逸群是知识分子，念了四遍，我不识字，听了四遍，现在我们两人比比看，看哪个背得出来。”结果，贺龙背得一字不差，而周逸群却背不完全。

当代，记忆力训练已经成为一门课程，成为一种比赛内容。1991 年举行第一次世界记忆锦标赛时，一个优秀的参赛者大概需要 5 分钟就能准确地记住并回忆起一副洗好的扑克牌。后来，当多米尼克·奥布莱恩以 2 分 29 秒的成绩打破这个纪录后，专家们立即声称这几乎达到了人类能力的极限。2017 年 7 月 15—16 日在中国昆山市举行的昆山世界脑力锦标赛中国公开赛城市赛上，中国队员黄昭瑜以 7.9 秒记忆一副扑克牌的成绩成功打破纪录，震惊全场！而之前的世界脑力锦标赛中快速扑克记忆的世界纪录是 20.44 秒！

2-3 右脑成像记忆原理的发现

2-3-1 罗杰·斯佩里博士的发现

美国的神经生理学专家、美国国家科学院院士、国际脑研究组织成员罗杰·斯佩里博士通过割裂脑实验，证实了大脑不对称性的“左右脑分工理论”，证实了人类的大脑分成左、右两个半球，即左脑和右脑。两个半球经胼胝体相连。大脑的奇妙之处在于两半球的分工不同。他也因此获得 1981 年诺贝尔生理学或医学奖。

罗杰·斯佩里

按照罗杰·斯佩里博士的理论，左脑支配右半身的神经和器官，是理解语言的中枢，主要完成语言、文字、数学、逻辑推理和分析判断的思考。也就是说，左脑进行的是有条不紊的条理化思维，即逻辑思维。

与此不同，右脑支配左半身的神经和器官，是一个

没有语言中枢的“哑脑”。但右脑具有接受音乐的中枢，负责可视的、综合的、几何的、绘画的思考行为。观赏绘画、欣赏音乐、凭直觉观察事物、纵览全局，这都是右脑的功能。

罗杰·斯佩里博士在研究中发现，人类的记忆分为左脑记忆和右脑记忆。

左脑记忆靠语言，而右脑记忆则是靠图像。左脑记忆遵守逻辑顺序，所以花费的时间要多，而右脑则可以看一眼就能把对象作为图像保留在脑海中，记忆速度快得多。右脑侧重于处理随意的、想象的、直觉的及多感官的影像。右脑是通过图像进行思考的半球，就像照相机、摄像机一样，能把语言变成图像、把声音变成图像、把数字变成图像、把气味变成图像储存在右脑中，需要再用时，从右脑中把图像回放出来，伴随着气味、声音等综合信息。

罗杰·斯佩里博士做过一个有名的实验。切断患者位于左右脑连接部的胼胝体，然后挡住其左视野，在其右视野放上画或图形给患者看，患者可以使用语言说明图形或画上的东西是什么。可是，如果在左视野显示数字、文字、实物，哪怕是读法很简单，他也不能用语言说出它们的名称。这就说明，指挥左视野的右脑是没有语言能力的。

通过实验，人的左脑、右脑分工情景越来越清楚了。如前所述，左脑有理解语言的语言中枢，而右脑有与之对应的接受音乐的音乐中枢。

另外，有语言中枢的左脑与人的意识相连。如果打击左脑，人的意识会立即变得模糊。

总之，右脑支配左手、左脚、左耳等人体的左半身神经和感觉，而左脑支配右半身的神经和感觉。右视野同左脑相连，左视野同右脑相连。因为语言中枢在左脑，所以左脑主要完成语言的、文字的、数学的、逻辑推理的、分析判断的思考认识和行为。而右脑则主要负责直观的、综合的、几何的、绘图的思考认识和行为。

迅速开启右脑

摩托车

右脑五感立体成像卡片

2-3-2　进一步的研究

生理学家和教育学家还研究发现，人脑所储存的信息绝大部分存在右脑中，并在右脑中正确地加以记忆。右脑如同一个书架，架上分门别类摆放着不同的书籍，每本书都属于一定的分类，每本书有自己的书名，书中再分章划节层层记述。右脑的记忆，不仅容量大，还是有条有理的。右脑信息储存量是左脑的100万倍。

人思考的过程，是左脑一边观察提取右脑所描绘的图像，一边将其符号化、语言化的过程。换言之，右脑储存的形象信息经左脑进行逻辑处理，变成语言的、数字的信息。正是左脑、右脑协同工作，使人类具有感知力、创造力。

科学家经过长时间的研究，已经证明：右脑具备的

图形、空间、绘画、形象的认识能力，即形象思维的能力，是人类创新能力的基础。创新性思维中的“知觉”和“一闪念”是极其重要的，这一个个的“火花”，往往在孕育一个新理论、新学说，有的甚至可以摧毁原有的思想体系。此时，右脑具有的直观的、综合的、形象的思维功能发挥了巨大的作用。一句话，创新必须充分开发右脑，充分利用右脑。

由于右脑是基于人类许许多多年的遗传信息去考虑问题，因而思想更豁达，视角更宽广。学会用右脑思考，你就会发现，原来世界更宽广、更美丽，生活可以更美好，学习可以更轻松，思维的拓展、处理事情的潜在能力更巨大。当前，人类开发右脑的工作还做得很不够，右脑的作用还远远没有发挥。做好右脑潜能的开发工作，对于我们的学习，我们的各项事业，特别是对于儿童的成长，也许更能“少投入、多产出”。

现在的情况是，人们对自身右脑潜力的开发与运用尚处于低级阶段。

中央电视台曾播放过一次现场表演：一位青年书画家，他用左手作画，右手写字。展现在观众面前的是，他左右开弓，龙飞凤舞，挥洒自如。画图是非线性的直观行为，所以是右脑发挥作用，右脑指挥左手完成；而右手写字，需要表现记忆性的语言和思维，所以是左脑指挥右手完成。这个例子生动地说明了左脑、右脑的分工情况。

2-3-3　右脑五感

左脑有五感，右脑也有五感，但一般人右脑的五感被左脑控制，表现不出来。如果排除了左脑的干扰，右脑的五感立体（3D）成像能力就能显现出来。

右脑的五感是本能的五感，是互相联系的五感。右脑的五感被激发出来之后，即使闭着眼睛，右脑也能让图像、文字直接显现。这样显现出来的图像、文字，不但有平面图形，还会有环境图像、有声音、有气味、有味道、有触感。例如，面对的是一张猫的图片，他却可能看到了一只活猫，看到了毛皮的颜色，摸到了毛皮的光滑，闻到了猫的味道，听到了猫叫的声音，看到了猫的动作。面对的是一段文字，他就可能看到了文字所表示出来的图像。这图像里可能有好多活灵活现的3D故

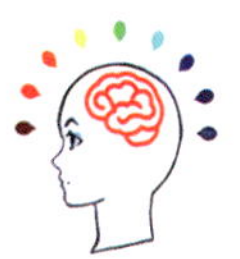

事。成像者，记住这个生动的图像，比记忆一段文字就容易得多了。比如说，昨天晚上有10个人在一起就餐的场景，如果用左脑记忆，就要记有什么人，一个人一个人地记，吃了什么菜，也要一个一个地记。如果用右脑成像，他把存在右脑中的那些就餐图像或是视频录像回放出来就行了。这就跟查看就餐时拍的照片或是录像资料一样简单。需要说明的是，这种回放的图像或录像，是有图像、有声音、有颜色、有味道、有动感的，是生动的。

美国的罗杰·斯佩里教授在割裂大脑的实验中发现，左脑与右脑这两个半球是以完全不同的方式进行思考，并以每秒 10 亿位的速度彼此交流。左右脑的运作流程情形，是由左脑透过语言收集信息，把看到、听到、闻到、尝到、摸到（也就是视觉、听觉、嗅觉、味觉、触觉五感接收到）的信息转换成语言，再传到右脑加以印象化，接着传回给左脑进行逻辑处理，再由右脑显现创意或灵感，最后交给左脑进行语言处理。现代人为了让语言理性发展，所以丧失了右脑的五感能力，左脑抑制了右脑的运作，右脑的潜能因此不易发挥。

日本教授七田真认为，现在大部分人都用左脑思考，很少用右脑思考。他说远古时代的人类与原住民左脑几乎不发达，但右脑的活动能力却很强。现在说的开启右脑，就是要逐渐减少左脑对右脑的抑制能力甚至让左脑抑制右脑的能力消失，让左脑、右脑联动，灵活使用。

2-4 迅速开启右脑

近几十年来，有不少有志者在尽心研究开发右脑的办法和途径。日本的七田真教授多年来已经做了大量研究。

现在的开启右脑技术，则有了新的成果。这种新技术，开启右脑速度快、成功比例高、易学、易做。此技术适合更快、更简单地为更多的孩子开启右脑服务。其具体做法如下。

1. 让受教育的学生闭上眼睛（最好是戴上眼罩）接

受呼吸放松训练。

[放松训练的目的，是让学生情绪平静下来，进入放松状态，也就是让脑波处于低波的状态。这样做的原因是，人脑正常情况下是左脑在工作，信息只能进入左脑，不能进入右脑。做呼吸训练，就是要放松心情，使大脑的活动，从左脑状态进入右脑状态。

人类的大脑发挥作用的脑波有以下几种：

（1）β 波（14—30 赫兹），也叫压力波，在人的思维比较活跃的时候，比如在运动、交流、工作、上课等紧张时出现；

（2）α 波（8—13 赫兹），也叫放松波，当身心平静时出现；

（3）θ 波（4—7 赫兹），在放松程度更深，人将要进入睡眠时出现，也叫“瞌睡波”。大脑处于这种状态

时，脑内的荷尔蒙分泌旺盛；

（4）ò 波（0.5—3.5 赫兹），是人睡着时候的脑波。

人的脑波在 7.5 赫兹时，就可以和宇宙达到同样的波长。这种状态叫作“进入变性意识”，是左右脑意识的合体，全脑一起工作的状态。做呼吸放松训练的目的，就是要把学生的脑波从易于左脑工作的 β 波降到易于右脑工作的 θ 波。]

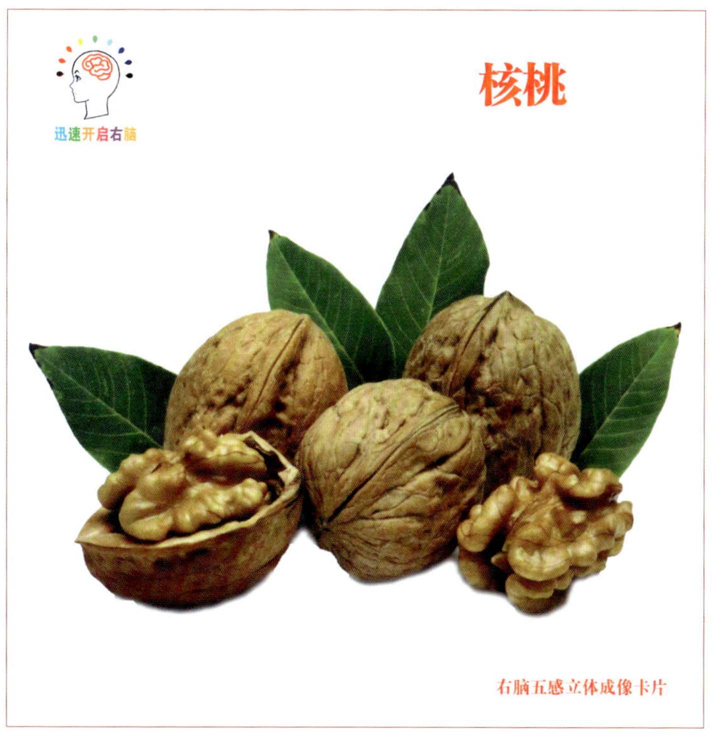

——让学生坐在凳子或椅子上，两手自然下垂，放松全身。

——做深呼吸，用鼻子吸气，用嘴巴呼气。呼吸的节奏是：两手在胸前上举，胸要扩张，吸气要吸足，每次4—8秒；呼气，两手在胸前下压，用嘴巴呼气的同时，让气往腹部下压，沉入丹田（位置在肚脐眼下约7厘米）。再让气由丹田发送到四肢的末端。呼气要呼尽。每次呼气10—15秒（个体情况不同，呼气和吸气的时间长短会有不同）。

——深呼吸时，要集中意念做深呼吸，排除其他杂念，静心。

——反复做3—5遍。

2. 老师做语言诱导，把学生右脑的视觉、听觉、嗅觉、味觉、触觉五感诱导出来。这时的学生，在蒙着眼睛的情况下，凭着右脑的五感，就可以辨别不同颜色的五色卡片。开启右脑，五感成像。

3. 让学生在闭着眼睛的情况下，说出不同色彩数字卡片的颜色和数字，说出图形卡片上的图形名称。

4. 以上过程，用时 20—30 分钟。

能在闭着眼睛的情况下说出卡片颜色甚至卡片上数字的学生，就是开启右脑成功了，就可以继续下面的训练了。

本书作者设计的五色卡片样式

2-5 成像后的成果巩固和提高

学生初次做右脑成像训练，读卡片的速度比较慢，辨识能力也很不稳固。之后，需要不间断地反复训练，最少每天都要训练 1 个小时，连续训练 15 天，提高右脑的适应能力、感知能力、感知速度。

训练方法如下。

1. 彩色数字卡片和图形卡片训练

训练前，先让学生闭上眼睛（最好是戴上眼罩）接

受呼吸放松训练（方法同 2-4 中的要求）。

让学生在闭着眼睛的情况下，说出各种色彩数字卡片的颜色和数字，说出图形卡片上的图形名称。

让学生说出在看到卡片时，脑海里还呈现了什么图形，有什么视觉、什么听觉、什么嗅觉、什么味觉、什么触觉。让学生把感觉都说出来，尽量表达清楚，表达详细。

这种训练，每天 1 次，每次 1 小时，至少连续训练 15 天。

本书作者设计的五色数字卡片样式

本书作者设计的五色数字卡片样式

本书作者设计的彩色图形卡片样式

本书作者设计的彩色图形卡片样式

电风扇	手枪	军号	小提琴
书籍	照相机	铃铛	直升机
狗	老虎	斑马	手表
老鹰	桃子	苹果	草莓
郁金香	茶花	南瓜	花生
香蕉	山楂	榴莲	辣椒炒肉

2. 词语卡片训练

训练前，先让学生闭上眼睛（最好是戴上眼罩）接受呼吸放松训练（方法同2-4中的要求）。

让学生在闭着眼睛的情况下，说出词语卡片上的文字。

让学生说出在看到卡片时，脑海里还呈现了什么图形，有什么视觉、什么听觉、什么嗅觉、什么味觉、什么触觉。让学生把感觉都说出来，尽量表达清楚，表达详细。

这种训练，每天1次，每次1小时，至少连续训练15天。

本书作者设计的词语卡片样式

卓 越

波澜壮阔

维 持

诞 生

悠然自得

突 然

字正腔圆

老老实实

富 饶

本书作者设计的词语卡片样式

知难而进

莫名其妙

查字典

温故而知新

拨电话

梦寐以求

搏 斗

决 心

3. 文字卡片训练

自制文字卡片，最好是打印的，也可以是手写的，应该做到清楚好认。

每张卡片的字数不要太多，以十几个到50个字为宜。

文字的内容，可以是词语，可以是诗词，也可以是小故事，以学生能认识这些字、又感兴趣为宜。

训练前，先让学生闭上眼睛（最好是戴上眼罩）接受呼吸放松训练（方法同2-4中的要求）。

让学生在闭着眼睛的情况下，说出卡片文字的内容。

这种训练，每天1次，每次1个小时，至少连续训练15天。

文字卡片举例

（例文全部摘自小学语文课本）

1. 打雷、下雨、树枝、玩耍、红花、绿草、水滴、欢乐。

2. 春眠不觉晓，处处闻啼鸟。夜来风雨声，花落知多少。（孟浩然《春晓》）

3. 小朋友，正年少，尊长辈，懂礼貌。父母教，认真听，做错事，即改正。

4. 天高云淡、大雁南飞、秋高气爽、山河壮美、五谷丰登、瓜果飘香、春华秋实、秋收冬藏。

5. 远上寒山石径斜，白云生处有人家。停车坐爱枫林晚，霜叶红于二月花。（杜牧《山行》）

6. 谁和谁好？白云和风好，风往哪里刮，云往哪里跑。谁和谁好？我和同学好，大家唱着歌，一起上学校。

7. 沿着长长的小路，寻找雷锋的足迹。雷锋叔叔，你在哪里，你在哪里？

8. 风，摇绿了树的枝条，水，漂白了鸭的羽毛，盼望了整整一个冬天，你看，春天已经来到！

9. 我国有这样一位大文豪：他时常穿一件朴素的中式长衫，短短的头发刷子似的直竖着，浓密的胡须成一个隶书的“一”字……他，就是鲁迅。

10. 我国是一个诗歌的国度。最早的诗歌总集《诗经》，已经有两千多年的历史；从古至今涌现出许多如屈原、李白、杜甫、郭沫若等这样伟大的诗人。

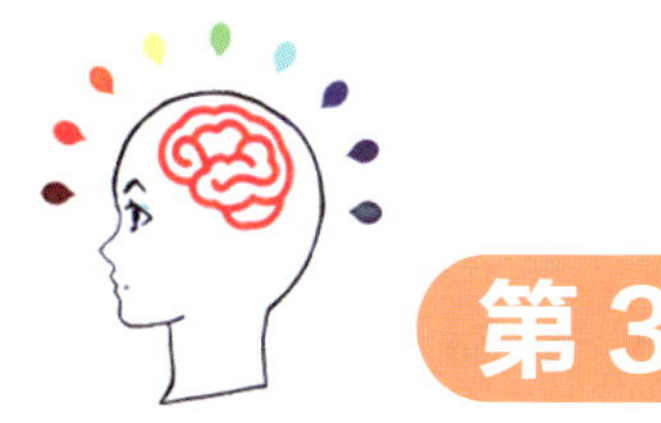

第3章

训练提高记忆能力和记忆速度

大脑记忆回路

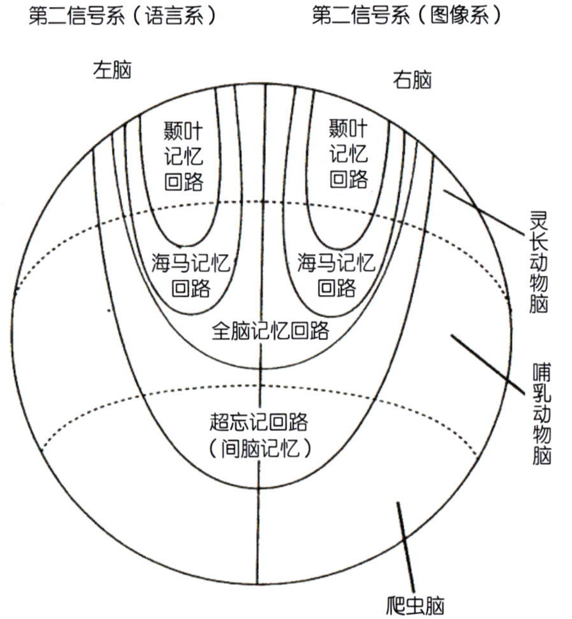

人类的大脑有 3 层。最上面的一层叫大脑新皮层，第二层是旧皮层，最下面的一层叫作脑干。它们又分别被称为灵长动物脑、哺乳动物脑和爬虫脑。

这 3 层大脑分别具有不同的结构和功能——也就是说，它们分别具有不同的能力回路。人们通常使用的大脑只是其中的一部分，即最上层的大脑，并且几乎都是

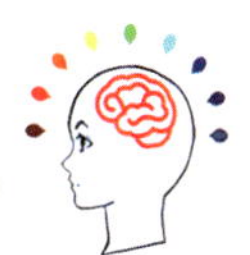

大脑左半球的上层，即左脑的上层。实际上，大脑两个半球 3 层大脑的能力回路应该结合起来使用。因为大部分人已经习惯了只用左脑学习，并且只用了左脑的最上层，因而左脑下面两层大脑的秘密作用还没有得到发挥，更不用说使用右脑了。

开发右脑，特别是开发右脑深层学习回路的方法，就是不断练习右脑记忆，不断对右脑深层进行刺激。这种加强右脑记忆的练习，使能够成像的右脑，不断地加强反应能力，不断提高反应速度，使右脑记忆的回路不断深入。

大脑生理学表明，与大脑记忆密切相关的是大脑新皮层的颞叶和旧皮层的海马。从外部进入人大脑的信息在颞叶被加以分类和保存。重要的信息则被送到海马加以整理和保存，一个月左右后再返回颞叶。如果将信息不断加以重复，信息就会在海马留下深刻的印象。所以，

反复刺激大脑，刺激速度越快，就越能够在海马构筑起清晰坚固的记忆回路。

1973 年，瑞典神经生理学家布利斯和莱默研究发现，信息进入人的大脑，脑细胞受到刺激时，会从脑细胞长出“芽”，相邻的芽互相结合就形成突触（结合部分）。突触长时间持续增强的现象，叫作“长期增强”，这就产生了“突触可以记忆”的结论。刺激越多，突触就越多，大脑深层次的神经传递回路面积就会变大，传递速度会变快。右脑的记忆道理，如同以上说的“大脑”记忆的道理。

通过多次的训练，右脑看到图像的能力就越来越强，识别图像的速度越来越快。右脑看到的图像和左脑的语言就可以联系起来，可以使左脑和右脑之间的通道变得更宽，让左右两个脑半球作为一体，有意识地配合工作的能力越来越强，配合越来越自如。

开启右脑，反复练习，提高右脑成像能力，是为了提高记忆能力，使训练者能够做到“过目不忘”“过耳不忘”的右脑，为学习、记忆做更多的工作。当右脑学习、记忆的知识足够多了之后，右脑的创造能力自然就会表现出来了。

由于人右脑成像记忆能力有听觉型、视觉型之分，所以在开启右脑、训练提高记忆能力和记忆速度方面，也可以用听觉和视觉同时进行的方法。

右脑记忆力的训练可以按由浅入深、由简单到复杂的顺序进行。

为了方便读者进一步明白本书所讲的原理，明白训练的基本方法，或是便于指导学生的训练，本书开列了以下 85 课的训练内容及方法。这些课程的训练，是在完成了本书第二章第五部分“成像后的成果巩固和提高”之后的训练课程。

3-1 第一课、第二课：一次记忆 5 张卡片

第一课　一次记忆 5 张卡片（课时 1 个小时）

训练前，先让学生闭上眼睛（最好是戴上眼罩）接受呼吸放松训练（方法同 2-4 中的要求）。

训练的整个过程都是闭着眼睛的。

1. 从打乱顺序的五色数字卡片中，任意抽出 5 张，放在桌子上，让学生闭着眼睛按顺序说出每张卡片的颜色和卡片上的数字。

——连续说 3 遍。

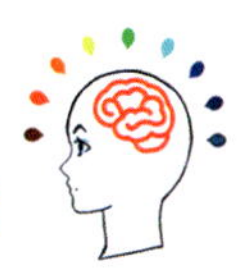

——将数字卡片收走，让学生按顺序说出每张卡片的颜色和数字。

——让学生倒序说出每张卡片的颜色和数字。

——让学生说出某一张卡片的颜色和数字。

——以上训练，连续做 3 次。

2. 从打乱顺序的彩色图形卡片中，任意抽出 5 张，放在桌子上，让学生闭着眼睛按顺序说出每张卡片上的图形是什么。

——连续说 3 遍。

——将彩色图形卡片收走，让学生按顺序说出每张卡片的图形是什么。

——让学生说出每张卡片图形时，他的听觉、视觉、嗅觉、味觉、触觉还感受到了什么。

——让学生倒序说出每张卡片的图形是什么。

——让学生说出某一张卡片的图形是什么。

——以上训练，连续做 3 次。

3. 从打乱顺序的词语卡片中，任意抽出 5 张，放在桌

子上，让学生闭着眼睛按顺序说出每张卡片的词语是什么。

——连续说 3 遍。

——将词语卡片收走，让学生按顺序说出每张卡片的词语是什么。

——让学生说出每张词语卡片时，他的听觉、视觉、嗅觉、味觉、触觉还感受到了什么。

——让学生倒序说出每张卡片的词语是什么。

——让学生说出某一张卡片的词语是什么。

——以上训练，连续做 3 次。

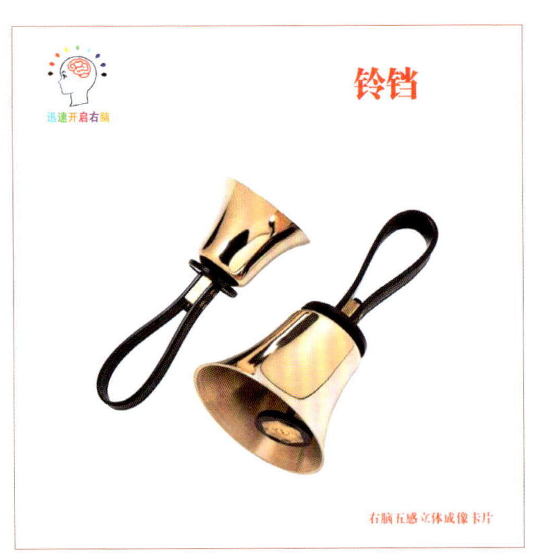

第二课　重复第一课的内容

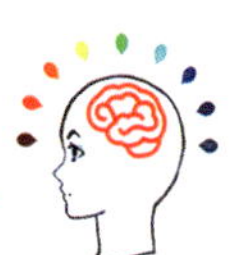

3-2 第三课、第四课：一次记忆 7 张卡片

第三课　一次记忆 7 张卡片（课时 1 个小时）

训练前，先让学生闭上眼睛（最好是戴上眼罩）接受呼吸放松训练（方法同 2-4 中的要求）。

训练的整个过程都是闭着眼睛的。

1. 从打乱顺序的五色数字卡片中，任意抽出 7 张，放在桌子上，让学生闭着眼睛按顺序说出每张卡片的颜色和卡片上的数字。

——连续说 3 遍。

——将数字卡片收走，让学生按顺序说出每张卡片的颜色和数字。

——让学生倒序说出每张卡片的颜色和数字。

——让学生说出某一张卡片的颜色和数字。

——以上训练，连续做 3 次。

2. 从打乱顺序的彩色图形卡片中，任意抽出 7 张，放在桌子上，让学生闭着眼睛按顺序说出每张卡片上的图形是什么。

——连续说 3 遍。

——将彩色图形卡片收走，让学生按顺序说出每张卡片的图形是什么。

——让学生说出每张卡片图形时，他的听觉、视觉、嗅觉、味觉、触觉还感受到了什么。

——让学生倒序说出每张卡片的图形是什么。

——让学生说出某一张卡片的图形是什么。

——以上训练，连续做 3 次。

3. 从打乱顺序的词语卡片中，任意抽出 7 张，放在桌

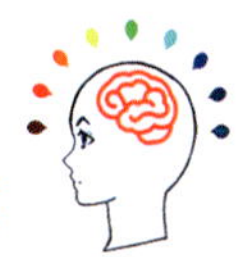

子上，让学生闭着眼睛按顺序说出每张卡片的词语是什么。

——连续说 3 遍。

——将词语卡片收走，让学生按顺序说出每张卡片的词语是什么。

——让学生说出每张词语卡片时，他的听觉、视觉、嗅觉、味觉、触觉还感受到了什么。

——让学生倒序说出每张卡片的词语是什么。

——让学生说出某一张卡片的词语是什么。

——以上训练，连续做 3 次。

第四课　重复第三课的内容

3-3 第五课至第七课：一次记忆 10 张卡片

第五课　一次记忆 10 张卡片（课时 1 个小时）

训练前，先让学生闭上眼睛（最好是戴上眼罩）接受呼吸放松训练（方法同 2-4 中的要求）。

训练的整个过程都是闭着眼睛的。

1. 从打乱顺序的五色数字卡片中，任意抽出 10 张，放在桌子上，让学生闭着眼睛按顺序说出每张卡片的颜色和卡片上的数字。

——连续说 3 遍。

——将数字卡片收走，让学生按顺序说出每张卡片

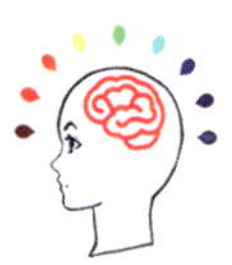

的颜色和数字。

——让学生倒序说出每张卡片的颜色和数字。

——让学生说出某一张卡片的颜色和数字。

——以上训练，连续做 3 次。

2. 从打乱顺序的彩色图形卡片中，任意抽出 10 张，放在桌子上，让学生闭着眼睛按顺序说出每张卡片上的图形是什么。

——连续说 3 遍。

——将彩色图形卡片收走，让学生按顺序说出每张卡片的图形是什么。

——让学生说出读出每张卡片图形时，他的听觉、视觉、嗅觉、味觉、触觉还感受到了什么。

——让学生倒序说出每张卡片的图形是什么。

——让学生说出某一张卡片的图形是什么。

——以上训练，连续做 3 次。

3. 从打乱顺序的词语卡片中，任意抽出 10 张，放在桌子上，让学生闭着眼睛按顺序说出每张卡片的词语是什么。

——连续说 3 遍。

——将词语卡片收走，让学生按顺序说出每张卡片的词语是什么。

——让学生说出读出每张词语卡片时，他的听觉、视觉、嗅觉、味觉、触觉还感受到了什么。

——让学生倒序说出每张卡片的词语是什么。

——让学生说出某一张卡片的词语是什么。

——以上训练，连续做 3 次。

第六课、第七课　重复第五课的内容

3-4 第八课至第十课：记忆 50 字文字卡片训练

第八课　记忆 50 字文字卡片训练（课时 1 个小时）

训练前，先让学生闭上眼睛（最好是戴上眼罩）接受呼吸放松训练（方法同 2-4 中的要求）。

训练的整个过程都是闭着眼睛的。

训练学生认读并记忆文字卡片，每张卡片的文字数量在 50 字左右。

让学生读出第 1 张 50 字左右的文字卡片上的内容。

——连续读 3 遍。

——将文字卡片收起，让学生背诵文字卡片的内容。

——让学生说出他背诵此文字卡片时，脑海里呈现的图像。

——鼓励学生通过背诵此卡片的文字内容想象出图像。

——引导学生产生右脑五感的反应。

——让学生说出五感，述说越清楚、越细致、越形象、越生动越好。

——如上训练，用第 2 张至第 10 张 50 字左右的文字卡片对学生进行训练。

50字左右文字卡片举例

（例文全部摘自小学语文课本，仅供练习使用）

1. 广告登出来了，是这样写的：我们非常需要一只小猫。我们会给它安排一个舒适的家，会很好地照顾它。请问您有多余的小猫吗？

2. 那个人想了想，从西服领带上取下一枚别针，在每枚邮票的连接处都刺上了小孔，邮票就很容易地被撕开了，而且撕得很整齐。

3. 母亲说："今晚我们过一个收获节，请你们的父亲也来尝尝我们的新花生，好不好？"母亲把花生做成了好几样食品，还吩咐就在后园的茅亭里过这个节。

4. 和同学们交流从课文、课外书找出的类似语句，再抄写下来，作为自己的"生活启示录"。除此之外，还可以和同学交流其他方面的学习收获。

5. 泉水流过山间的平地，火红的杜鹃花照见了自己

美丽的身影。泉水说："照吧，照吧！我的水很清很清，像一面明亮的镜子。"

6. 新疆吐鲁番有个地方叫葡萄沟，那里出产水果。五月有杏子，七八月有香梨、蜜桃、沙果，到了九十月份，人们最喜爱的葡萄成熟了。

7. 天亮起来了。打开窗户，清新的空气迎面扑来。雨停了。太阳出来了。一条彩虹挂在天空。蝉叫了。蜘蛛又坐在网上。池塘里水满了，青蛙也叫起来了。

8. 植物园很大很大，里面的花草树木很多很多。同学们围着园林工人张爷爷，听他介绍每一种花草树木，听得可专心了。

9. 很久以前，有位国王要挑选一个诚实的孩子做继承人。国王吩咐大臣给全国的每个孩子发一些花种，并宣布：谁能用这些种子培育出最美的花，谁就是他的继承人。

10. 一个风和日丽的下午，我和小伙伴躲在一位老奶奶家的后院里，把一块块小石头扔到她家的房顶。我们

看着石头像子弹一样射出，又像流星一样从天而降，觉得很有趣。

文字卡片可以自制，可以从小学语文课本上选取，可以从各种的小学生优秀作文选辑里选取，也可以从优秀传统文化经典作品中选取。

第九课、第十课 重复第八课的内容

重复第八课内容，但是文字卡片的内容不能是之前用过的。

3-5 第十一课至第十五课：一次记忆 12 张卡片

第十一课　一次记忆 12 张卡片（课时 1 个小时）

训练前，先让学生闭上眼睛（最好是戴上眼罩）接受呼吸放松训练（方法同 2-4 中的要求）。

训练的整个过程都是闭着眼睛的。

1. 从打乱顺序的五色数字卡片中，任意抽出 12 张，放在桌子上，让学生闭着眼睛按顺序说出每张卡片的颜色和卡片上的数字。

——连续说 3 遍。

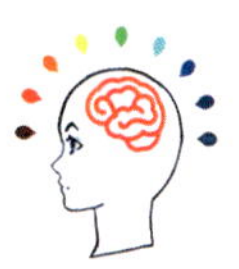

——将数字卡片收走，让学生按顺序说出每张卡片的颜色和数字。

——让学生倒序说出每张卡片的颜色和数字。

——让学生说出某一张卡片的颜色和数字。

——以上训练，连续做 3 次。

2. 从打乱顺序的彩色图形卡片中，任意抽出 12 张，放在桌子上，让学生闭着眼睛按顺序说出每张卡片上的图形是什么。

——连续说 3 遍。

——将彩色图形卡片收走，让学生按顺序说出每张卡片的图形是什么。

——让学生说出读出每张卡片图形时，他的听觉、视觉、嗅觉、味觉、触觉还感受到了什么。

——让学生倒序说出每张卡片的图形是什么。

——让学生说出某一张卡片的图形是什么。

——以上训练，连续做 3 次。

3. 从打乱顺序的词语卡片中，任意抽出 12 张，放在桌

子上，让学生闭着眼睛按顺序说出每张卡片的词语是什么。

——连续说 3 遍。

——将词语卡片收走，让学生按顺序说出每张卡片的词语是什么。

——让学生说出读出每张词语卡片时，他的听觉、视觉、嗅觉、味觉、触觉还感受到了什么。

——让学生倒序说出每张卡片的词语是什么。

——让学生说出某一张卡片的词语是什么。

——以上训练，连续做 3 次。

第十二课至第十五课　重复第十一课的内容

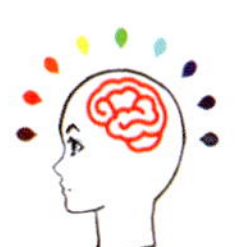

3-6 第十六课至第二十五课：一次记忆 15 张卡片

第十六课　一次记忆 15 张卡片（课时 1 个小时）

训练前，先让学生闭上眼睛（最好是戴上眼罩）接受呼吸放松训练（方法同 2-4 中的要求）。

训练的整个过程都是闭着眼睛的。

1. 从打乱顺序的五色数字卡片中，任意抽出 15 张，放在桌子上，让学生闭着眼睛按顺序说出每张卡片的颜色和卡片上的数字。

——连续说 3 遍。

——将数字卡片收走，让学生按顺序说出每张卡片的颜色和数字。

——让学生倒序说出每张卡片的颜色和数字。

——让学生说出某一张卡片的颜色和数字。

——以上训练，连续做 3 次。

2. 从打乱顺序的彩色图形卡片中，任意抽出 15 张，放在桌子上，让学生闭着眼睛按顺序说出每张卡片上的图形是什么。

——连续说 3 遍。

——将彩色图形卡片收走，让学生按顺序说出每张卡片的图形是什么。

——让学生说出读出每张卡片图形时，他的听觉、视觉、嗅觉、味觉、触觉还感受到了什么。

——让学生倒序说出每张卡片的图形是什么。

——让学生说出某一张卡片的图形是什么。

——以上训练，连续做 3 次。

3. 从打乱顺序的词语卡片中，任意抽出 15 张，放

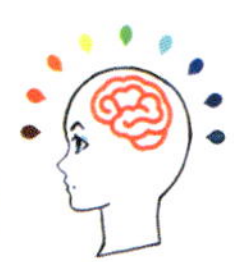

在桌子上，让学生闭着眼睛按顺序说出每张卡片的词语是什么。

——连续说 3 遍。

——将词语卡片收走，让学生按顺序说出每张卡片的词语是什么。

——让学生说出读出每张词语卡片时，他的听觉、视觉、嗅觉、味觉、触觉还感受到了什么。

——让学生倒序说出每张卡片的词语是什么。

——让学生说出某一张卡片的词语是什么。

——以上训练，连续做 3 次。

第十七课至第二十五课　重复第十六课的内容

3-7 第二十六课至第三十五课：记忆 100 字文字卡片训练

第二十六课　记忆 100 字文字卡片训练（课时 1 个小时）

方法同第八课，但训练用的文字卡片的文字数量在 100 字左右。

100 字左右文字卡片举例

（例文全部摘自小学语文课本，仅供练习使用）

1. 每当夜幕降临，北京就亮起来了。整个北京城变成了灯的海洋，光的世界。

长安街华灯高照，川流不息的汽车，灯光闪烁，像

银河从天而降。天安门城楼金碧辉煌，光彩夺目。广场四周，彩灯勾画出一幢幢高大建筑物的雄伟轮廓。

2. 我国是个多民族的国家，有汉族、藏族、回族、壮族、蒙古族等五十六个民族。我们查一查资料，就可以了解到一些民族的服饰和生活习惯。

我国有北京、上海、天津、重庆四个直辖市，香港、澳门两个特别行政区，黑龙江、河北、广西、海南、台湾等二十八个省、自治区。我们在地图上找一找这些地方吧！

3. 我们住在乡下，窗前是一大片草地。草地上长满了蒲公英。当蒲公英盛开的时候，这片草地就变成金色的了。

我和弟弟常常在草地上玩耍。有一次，弟弟跑在我前面，我装着一本正经的样子，喊："谢廖沙！"他回过头来，我就使劲一吹，把蒲公英的绒毛吹到他的脸上。弟弟也假装打哈欠，把蒲公英的绒毛朝我脸上吹。

4. 下午放学的时候，随着一声春雷，下起了大雨。

四年级的小林和同学们一起，顶着大雨往家走。小林的雨衣刚过膝盖，雨水顺着雨衣流到裤腿上，被风一吹，冷极了。

晚上，小林躺在床上想：得把雨衣改一改，不能再让雨水流到裤腿上了。

5. 有一次，小华在校门口值日，同班同学小龙迟到了。小华心想：要是把小龙的名字记下来，自己班级就不能得到纪律红旗，同学们还会责怪自己；要是不记，就没有尽到责任。这可怎么办?

大家都来帮小华想一想，讨论一下，他应该怎样做，为什么?

6. 秋天的夜晚，月亮升起来了，从洱海那边升起来了。

月盘是那样明亮，月光是那样柔和，是在洱海里淘洗过吗? 月亮照亮了高高的点苍山，照亮了村头的大青树，也照亮了，照亮了村间的大道和小路……

这时候，阿妈喜欢牵着我，在洒满月光的小路上走

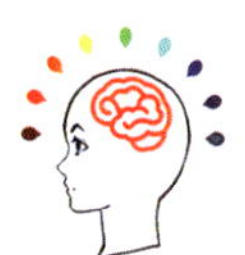

着。走啊走，啊，我和阿妈走月亮！

7. 在北京远郊区，有一个山村，村口有座四十米长的铁桥，京承铁路就从这里经过。桥下，清亮亮的河水，打着漩儿、哗啦啦流淌。

桥西有座残破的炮楼，是日本鬼子留下的。据说这里时常闹“鬼”，因为“鬼”总在炮楼里吼叫，吓得村民们夜里不敢出门……

8. 我家住在台湾鹿港一条弯弯曲曲的巷子里。巷子很小，地上铺满了红砖。每逢节假日，就有很多游客到鹿港来玩。他们好象对这条巷子特别感兴趣，他们一群一群地在巷子里走来走去。有时常常会有人停在我家门前，盯着围墙下面瞧个不停。

9. 一条小河唱着歌儿流哇流哇，他太着急了，迎面撞在一座大山上。“撞得我好疼呀！”小河流出了眼泪，扬起一片水花儿来。他抱怨说：“我流过松软的沙土，流过滑溜溜的泥地，野花为我唱歌，青草跟着我游戏，大家都跟我好，只有你，又高又大的山，撞疼了我，呜呜呜……”

10. 鼠狐猴小巧玲珑，灵活无比。它们刚来动物园不久，一只鼠狐猴逃出笼子，一会儿蹦到桌子上，一会儿跳到柜顶上，一蹦 1 米多高，几个饲养员被折腾得满头大汗，也拿它无可奈何。要不是鼠狐猴不小心掉到抽屉里，饲养员不知还要费多大劲儿才能逮住它。

第二十七课至第三十五课　重复第二十六课的内容

重复第二十六课的内容，但是文字卡片的内容不能是之前用过的。

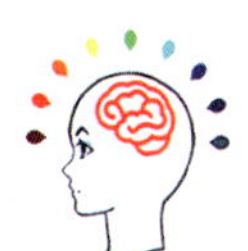

3-8 第三十六课至第四十五课：一次记忆 17 张卡片

第三十六课　一次记忆 17 张卡片（课时 1 个小时）

训练前，先让学生闭上眼睛（最好是戴上眼罩）接受呼吸放松训练（方法同 2-4 中的要求）。

训练的整个过程都是闭着眼睛的。

1. 从打乱顺序的五色数字卡片中，任意抽出 17 张，放在桌子上，让学生闭着眼睛按顺序说出每张卡片的颜色和其上的数字。

——连续说 3 遍。

——将数字卡片收走，让学生按顺序说出每张卡片的颜色和数字。

——让学生倒序说出每张卡片的颜色和数字。

——让学生说出某一张卡片的颜色和数字。

——以上训练，连续做 3 次。

2. 从打乱顺序的彩色图形卡片中，任意抽出 17 张，放在桌子上，让学生闭着眼睛按顺序说出每张卡片上的图形是什么。

——连续说 3 遍。

——将彩色图形卡片收走，让学生按顺序说出每张卡片的图形是什么。

——让学生说出读出每张卡片图形时，他的听觉、视觉、嗅觉、味觉、触觉还感受到了什么。

——让学生倒序说出每张卡片的图形是什么。

——让学生说出某一张卡片的图形是什么。

——以上训练，连续做 3 次。

3. 从打乱顺序的词语卡片中，任意抽出 17 张，放在桌

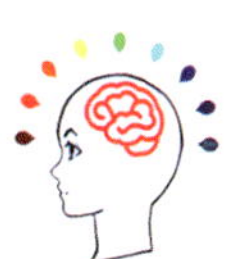

子上，让学生闭着眼睛按顺序说出每张卡片的词语是什么。

——连续说 3 遍。

——将词语卡片收走，让学生按顺序说出每张卡片的词语是什么。

——让学生说出读出每张词语卡片时，他的听觉、视觉、嗅觉、味觉、触觉还感受到了什么。

——让学生倒序说出每张卡片的词语是什么。

——让学生说出某一张卡片的词语是什么。

——以上训练，连续做 3 次。

第三十七课至第四十五课　重复第三十六课的内容

3-9 第四十六课至第五十五课：一次记忆 20 张卡片

第四十六课　一次记忆 20 张卡片（课时 1 个小时）

训练前，先让学生闭上眼睛（最好是戴上眼罩）接受呼吸放松训练（方法同 2-4 中的要求）。

训练的整个过程都是闭着眼睛的。

1. 从打乱顺序的五色数字卡片中，任意抽出 20 张，放在桌子上，让学生闭着眼睛按顺序说出每张卡片的颜色和数字是什么。

——连续说 3 遍。

——将数字卡片收走，让学生按顺序说出每张卡片的颜色和数字。

——让学生倒序说出每张卡片的颜色和数字。

——让学生说出某一张卡片的颜色和数字。

——以上训练，连续做 3 次。

2. 从打乱顺序的彩色图形卡片中，任意抽出 20 张，放在桌子上，让学生闭着眼睛按顺序说出每张卡片上的图形是什么。

——连续说 3 遍。

——将彩色图形卡片收走，让学生按顺序说出每张卡片的图形是什么。

——让学生说出读出每张卡片图形时，他的听觉、视觉、嗅觉、味觉、触觉还感受到了什么。

——让学生倒序说出每张卡片的图形是什么。

——让学生说出某一张卡片的图形是什么。

——以上训练，连续做 3 次。

3. 从打乱顺序的词语卡片中，任意抽出 20 张，放

在桌子上，让学生闭着眼睛按顺序说出每张卡片的词语是什么。

——连续说 3 遍。

——将词语卡片收走，让学生按顺序说出每张卡片的词语是什么。

——让学生说出读出每张词语卡片时，他的听觉、视觉、嗅觉、味觉、触觉还感受到了什么。

——让学生倒序说出每张卡片的词语是什么。

——让学生说出某一张卡片的词语是什么。

——以上训练，连续做 3 次。

第四十七课至第五十五课　重复第四十六课的内容

3-10 第五十六课至第六十五课：记忆 200 字文字卡片训练

第五十六课　记忆 200 字文字卡片训练（课时 1 个小时）

方法同第八课，但训练用的文字卡片的文字数量在 200 字左右。

200 字左右文字卡片举例

（例文摘自小学语文课本和《小学生好词好句好段大全》，仅供练习使用）

1. 我写作的时候，常常为我面前这一个个方块字而动情。

真的，它们可不是僵硬的符号，而是有着独特性格

的精灵。你看吧，每个汉字都有不同的风韵。看到“太阳”这两个字，你能感触到热和力量，而望见“月亮”，眼前却又闪着清丽的光辉。“轻”字使人有飘浮感，“重”字一望而沉坠。“笑”字令人欢快，“哭”字一看就像流泪。“冷霜”好象散发出一种寒气，“幽深”两个字一出现，你似乎进入森林或宁静的院落。当你写下“人”这个字的时候，不禁肃然起敬，并为祖先的创造赞叹不已。这些用笔画组成的美妙图画，同人的气质多么相近。

2. 这次，我看到了草原。那里的天比别处的天更可爱，空气是那么清新，天空是那么明朗，使我总想高歌一曲，表示我的愉快。在天底下，一碧千里，而并不茫茫。四面都有小丘，平地是绿的，小丘也是绿的。羊群一会儿上了小丘，一会儿又下来，走在哪里都像给无边的绿毯绣上了白色的大花。那些小丘的线条是那么柔美，就像只用绿色渲染，不用墨线勾勒的中国画那样，到处翠色欲流，轻轻流入云际。这种境界，既使人惊叹，又叫人舒服；既愿久立四望，又想坐下低吟一首奇丽的小诗。

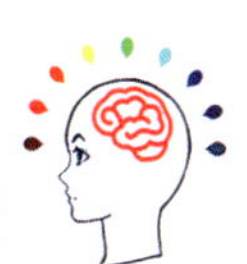

3. 晚饭过后，火烧云上来了。霞光照得小孩子的脸红红的。大白狗变成红的了。红公鸡变成金的了。黑母鸡变成紫檀色的了。喂猪的老头儿在墙根靠着，笑盈盈地看着他的两头小白猪变成小金猪了。他刚想说："你们也变了……"旁边走来个乘凉的人对他说："您老人家必要高寿，您老是金胡子了。"

天上的云从西边一直烧到东边，红彤彤的，好像是天空着了火。

这地方的火烧云变化极多，一会儿红彤彤的，一会儿金灿灿的，一会儿半紫半黄，一会儿半灰半百合色。葡萄灰、梨黄、茄子紫，这些颜色天空都有。还有些说也说不出来，见也没见过的颜色。

4. 爬山虎刚长出来的叶子是嫩红的，不几天叶子长大，就变成嫩绿的。爬山虎的嫩叶，不大引人注意，引人注意的是长大了的叶子。那些叶子绿得那么新鲜，看着非常舒服。叶尖一顺儿朝下，在墙上铺得那么均匀，没有重叠起来的，也不留一点儿空隙。一阵风拂过，一墙的叶子就漾起波纹，好看得很。

以前，我只知道这种植物叫爬山虎，可不知道它怎么能爬。今年，我注意了，原来爬山虎是有脚的。爬山虎的脚长在茎上。茎上长叶柄的地方，反面伸出枝状的六七根细丝，每根细丝像蜗牛的触角。细丝跟新叶子一样，也是嫩红的。这就是爬山虎的脚。

5. 离桥头右端三四丈处，也有一座小山，只有三四丈高，山巅上纵横四五丈，方方的有如一个露天的戏台，上面铺着短短的碧草。我们每登上这山顶，便如到了自由国土一般，我们毫没一点儿害羞，毫没一点儿畏惧，尽我们的力量，唱起歌来，做起戏来。我们大笑，我们高叫，尽情发泄。啊！多么活泼，多么快乐！胸中积聚的烦闷都消尽了。玩得疲乏了，我们便在地上坐下来，卧下来，观看那青空里的白云。白云确有使人欣赏的价值，一团一团的如棉花，一卷一卷的如波涛，连山一般地拥在那儿，野兽一般地站在这边；万千状态，无奇不有。

6. 三天后，有一小队人马回报，在碣石山东北八十

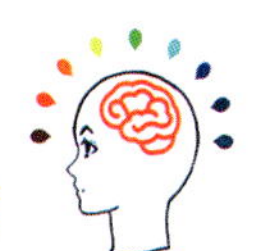

多里的海岸上，发现了一个翡翠般的小岛，小岛周围风小浪平，很适合船只停留和起航。秦始皇亲自前往察看。果然，岛上苍松翠柏，一片碧绿；地上芳草如茵鲜花盛开；海边细沙像铺了层柔软的绒毯；蔚蓝色的海浪轻轻拍打着沙滩，景色美极了。他赞叹道："我游遍天下，不料在此发现这样一个美丽的地方。如能在此久住，也可算做神仙了。"当卢生带着这二十名随员和贵重物品，分乘三艘船出海时，秦始皇亲自为他们送行。

7. 张南希这个小女生长得不出众，却是班上的"风

云人物”。她不哭时，班里风平浪静；她一哭，不管惹她的人是对是错，都要受到谴责。凭这一点，她在班里就是一个“小霸王”。作为她的同桌，我可就惨喽！有一回上课，我不小心将胳膊越过了“三八线”，她一拳朝我打来，疼得我差点叫出声来。我很生气，低声说了她一句：“小气鬼！”她立刻哭了起来，还不时掉下几颗“金豆豆”，后来哭声越来越大，终于惊动了正在讲课的老师。老师不容我辩解，一把把我拎到讲台旁，并用好话安慰张南希，张南希这才停止了哭泣。

8. 春天，树木抽出新的枝条，长出嫩绿的叶子。山上的积雪融化了，雪水汇成小溪，淙淙地流着。溪里涨满了春水。小鹿在溪边散步，它们有的俯下身子喝水，有的侧着脑袋欣赏自己映在水里的影子。

夏天，树木长得葱葱茏茏，密密层层的枝叶把森林封得严严实实的，挡住了人们的视线，遮住了蓝蓝的天空。早晨，雾从山谷里升起来，整个森林浸在乳白色的浓雾里。太阳出来了，千万缕像利剑一样的金光，穿过

树梢，照射在工人宿舍门前的草地上。草地上盛开着各种各样的野花，红的，白的，黄的，紫的，真像个美丽的大花坛。

秋天，白桦和栎树的叶子变黄了，松柏显得更苍翠了。秋风吹来，落叶在林间飞舞。这时候，森林向人们献出了酸甜可口的山葡萄，又香又甜又脆的榛子，鲜嫩的蘑菇和木耳，还有人参等名贵药材。

9. 猫的性格实在有些古怪。说它老实吧，它的确有时候很乖。它会找个暖和的地方，成天睡大觉，无忧无虑，什么事也不过问。可是，它决定出去玩玩，就会走出去一天一夜，任凭谁怎么呼唤，它也不肯回来。说它贪玩吧，的确是呀，要不怎么会一天一夜不回家呢？可是它听到老鼠的一点响动，又是多么尽职。它屏息凝视，一连就是几个钟头，非把老鼠等出来不可！

它要是高兴，能比谁都温柔可亲：用身子蹭你的腿，把脖子伸出来让你给它抓痒，或是在你写作的时候，跳上桌来，在稿纸上踩印几朵小梅花。

10. 只见远处一座迷蒙的巨峰突起，周围还有几十座小石峰。仔细一看，那巨峰像手握金箍棒的孙悟空，那些小峰就像抓耳挠腮的小猴。瞧瞧，孙悟空正领着他的孩儿们向南天门杀去呢。微白的天空下，群山苍黑似铁，庄严，肃穆。红日初升，一座座山峰呈黑蓝色。紧接着，乳白的纱把重山间隔起来，只剩下青色的峰尖，真像一幅笔墨清爽、疏密有致的山水画。过了一阵子，雾又散了，那裸露的峭壁、岩石，被霞光染得赤红，渐渐地又变成古铜色，与绿树、青田相互映衬，显得分外壮美。

第五十七课至第六十五课　重复第五十六课的内容

重复第五十六课的内容，但文字卡片的内容不能是之前用过的。

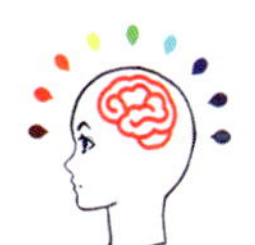

3-11 第六十六课至第七十五课：记忆 1 页书本文字卡片训练

第六十六课　记忆 1 页书本文字卡片训练（课时 1 个小时）

方法同第八课，但训练用的文字是书本。

选书本上文字内容不太复杂的 1 页。

第 1 页训练完后，再选第 2 页、第 3 页、第 4 页、第 5 页……

第六十七课至第七十五课　重复第六十六课的内容

重复第六十六课的内容，但训练书页的内容不能是之前用过的。

3-12 第七十六课至第八十五课：记忆 2 页书本文字卡片训练

第七十六课　记忆 2 页书本文字卡片训练

（课时 1 个小时）

方法同第八课，但训练用的文字是书本。

选书本上文字内容不太复杂的 2 页。

第 1 个 2 页训练完后，再选第 2 个 2 页、第 3 个 2 页、第 4 个 2 页、第 5 个 2 页……

第七十七课至第八十五课　重复第七十六课的内容

重复第七十六课的内容，但训练书页的内容不能是之前用过的。

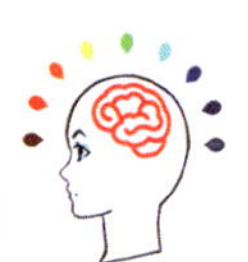

迅速开启右脑

战斗机

右脑五感立体成像卡片

友情提示

1. 本书所说的“本书作者设计的五色数字卡片”“本书作者设计的彩色图形卡片”“本书作者设计的词语卡片”，都已经设计并制作完成，待图书出版后，很快就与读者见面。

2. 为验证本书所述理论、教学方法的正确性、可靠性，作者成功地进行了实践并编成了教学案例。教学过程记录下的视频《阳——开启右脑纪事》，有需求的可以向作者索取。

3. 以上所列的训练课程内容及进度，是就一般情况而言的。由于学生的个体、群体有差别，所以训练进度应按照学生个体、群体的实际情况而定。